FRAGMENTS HISTORIQUES

LE

SIÉGE DE TOUL

EN 1420

SOUS L'ÉPISCOPAT DE HENRI DE VILLE

PAR

CHARLES HEQUET

OUVRIER TYPOGRAPHE

MEMBRE DE L'ACADÉMIE NATIONALE DE REIMS
DES SOCIÉTÉS ACADÉMIQUES DE CHALONS-SUR-MARNE, D'ÉPINAL, DE VERDUN
ET DE LA CONFÉRENCE LITTÉRAIRE STANISLAS DE NANCY, ETC.

NANCY

IMPRIMERIE E. RÉAU, RUE SAINT-DIZIER, 51

—

1875

IK² 2829

LE

SIÉGE DE TOUL

EN 1420

SOUS L'ÉPISCOPAT DE HENRI DE VILLE

De tous les droits, régaliens et autres, dont jouis-
saient les ducs *bénéficiaires* de Lorraine (1), il en est
un fort bizarre, — exporté d'Allemagne, — dont le privilége leur avait été concédé par les souverains de ce
pays auxquels, lors de leur investiture, ils en faisaient
hommage à titre de fief d'empire. Ce droit, qu'ont
également possédé les ducs *héréditaires*, était celui
de propriété sur les fils de prêtres ou *bâtards de
l'Église.*

L'origine de ce droit venait de ce que les membres
du clergé, en raison des ordres sacrés qu'ils avaient
reçus et de l'obligation qui leur était imposée de
garder le célibat, ne pouvaient revendiquer celui de
paternité. Leurs enfants, — sans pères, sans protecteurs
et sans noms, — devenaient serfs dès leur naissance, et
d'après une bulle du pape Calixte II, datée de l'an
1119, ils appartenaient au seigneur de la terre où
ils étaient nés, et celui-ci s'en emparait — comme
de tout ce qui était sans maître.

Depuis le duc Thierri Ier, l'exercice de ce droit

régalien (2) avait constamment éveillé la sollicitude des princes lorrains (3), — les mœurs dissolues et l'incontinence du clergé d'alors, leur procurant un notable accroissement du nombre de leurs sujets (4).

Cédé, en 1429, aux chanoines de Saint-Dié, par la faiblesse du duc Mathieu (5), le droit de bâtardise acquit bientôt le dernier degré d'immoralité : il devint pour eux le stimulant du libertinage le plus effréné et de la cupidité la plus vile.

Ce regrettable état de choses subsista jusqu'en 1520, époque à laquelle le duc Antoine profita de la mésintelligence qui régnait entre ses officiers et le chapitre Galiléen pour retirer à ce dernier la possession de ce scandaleux privilége, source des plus honteux désordres et des plus vils dérèglements (6).

Le droit de bâtardise excita souvent aussi la convoitise des chanoines de l'Église de Toul ; toutefois, rien n'indique qu'ils aient pu en obtenir, même temporairement, l'abandon en leur faveur. De là, un sujet d'incessantes querelles avec les ducs de Lorraine, querelles presque toujours suivies d'hostilités qui désolaient le pays et ruinaient les malheureux paysans réduits à supporter les tristes conséquences de ces déplorables conflits.

En 1421, sous l'épiscopat de Henry de Ville, soixante-sixième évêque, quelques-uns de ces enfants naturels s'étaient réfugiés dans la ville de Toul « comme dans un lieu protecteur, pour se soustraire à une sorte de servitude et à une note publique d'infamie. » Le duc Charles II, — qui venait de guerroyer

avec les Messins, auxquels non content d'avoir sac-
cagé leur pays, il avait encore enlevé le corps de
saint Sigisbert, déposé dans l'abbaye de Saint-Martin,
— somma les magistrats toulois de remettre ces enfants
entre ses mains. Les Bourgeois (7), — dont les ha-
bitudes hospitalières n'ont pas dégénéré, — refusèrent
de les lui livrer. Irrité de ce qu'il considérait comme
un affront, Charles leur déclara la guerre (8). Les dis-
positions menaçantes du prince n'intimidèrent point
les Toulois, qui se préparèrent à une vigoureuse dé-
fense; le salut de la cité excita dans leurs cœurs un
vif enthousiasme; tous s'animèrent réciproquement
au combat, et rien ne fut négligé pour mettre prompte-
ment leurs remparts en état de pouvoir supporter un
long siége. Ils interdirent également toute communication des sujets du duc de Lorraine avec leur ville,
et appelèrent à leur aide le Damoiseau de Commercy (9).

Plusieurs seigneurs puissants prirent aussi parti
pour eux. Ainsi secondés, les Toulois remportèrent
d'abord quelques avantages sur les troupes lorraines:
ils s'emparèrent du bourg de Gondreville, qui dépen-
dait du duché, brûlèrent le faubourg de Nancy, et
ruinèrent de fond en comble celui de Saint-Epvre,
qui était, avec son abbaye, sous la protection immé-
diate et spéciale du duc.

Le comte de Vaudémont (10) étant accouru au se-
cours du duc son frère, se mit en devoir de cerner la
ville avec ses troupes; le duc de Lorraine fit occuper
par les siennes le mont Saint-Michel et y éleva des
retranchements (11). Les Lorrains reprirent alors

l'offensive, et firent subir aux Toulois de terribles
représailles : ils ravagèrent toutes leurs métairies et
maisons de campagne, fauchèrent les moissons, cou-
pèrent les arbres, arrachèrent les vignes, et brûlèrent
les moulins ainsi que tous les châteaux de leurs
alliés ; ce ne furent, pendant près d'une année, que
pillages et incendies dans toute la contrée.

Tandis que s'accomplissaient ces scènes de dévasta-
tions, le duc de Lorraine, au moyen de ses bombardes
et serpentins placés sur le mont Saint-Michel, ne
cessait de cribler la place d'une masse de projectiles
qui, en pénétrant jusqu'au cœur de la ville, y causaient
des dégâts considérables (12). Enfin, après plusieurs
semaines d'un siége meurtrier, les Bourgeois de Toul,
écrasés par le feu de l'artillerie et la disette des vivres
commençant à se faire sentir, demandèrent à capi-
tuler. Ils ouvrirent leurs portes au duc de Lorraine
et conclurent avec lui une capitulation dont voici le
texte complet :

« Nous, CHARLES, duc de Lorraine et Marchis, pour
» nous et nos hoirs, d'une part ; et nous les Maître-
» Eschevin, Justice, Gouverneurs, Citains, Habitants
» et université de la Cité de Toul, pour nous, nos
» hoirs et successeurs, d'autre part, Parties dessus-
» dites, savoir fesons et reconnaissons à tous, que
» aujourd'hui par la grâce du Saint-Esprit, moyen-
» nant de toutes bonnes œuvres, nous sommes
» venus et condescendus par honneur, amour et
» revenu de Dieu, notre créateur premièrement,
» après pour finir et eschevir l'effusion du sang

» humain, et la destruction du poure peuple, et
» généralement les maux et inconvénients, qui à
» l'œuvre de fait et de voye de guerre communément
» s'ensuivent, et sont appareillez; et aussi pour bon
» amour entre nous porter, nourrir et entretenir, en
» traiter accord et paix finale, et dresser tous et
» chacun les Articles ci-dessous touchées, et ci-après
» déclarées en la forme et manière ci-après descrite.
» Sur le fait des Bastards, fils des Prêtres, natifs
» du Pays de Monseigneur le Duc de Lorraine et
» Marchis, pour lesquels ladite guerre est principa-
» lement venuë, lesquels il demandoit à lui délivrer;
» il s'en fera doresenavant en cette manière; c'est
» assavoir que quand mondit Sieur le Duc reclameroit,
» ou feroit reclamer à lui délivrer aucun desd. Bâ-
» tards demeurans en ladite Cité, la Justice d'icelle
» les feroit appeller pardevant eux; et iceux ainsi
» appellez, s'ils confessent être bâtards, fils de Prê-
» tres, natifs du pays dudit Monseigneur le Duc, la
» Justice de la Cité les devroit mettre fuer hors de
» la porte de la Cité, en présence des Officiers dudit
» Monsieur le Duc, sans débats ne contredits desdits
» Citains, ne d'autre de par eux, et le tout sans
» malengin; et si iceux Bâtards ainsi appellez,
» nioient être tels, lesdits Maître-Eschevin et Justice
» de Toul, doient être seurs d'eux, et ledit Monsieur
» le Duc soit tenu de les monstrer tels, et se panront
» les informations par un Tabellion Juré de la Cité:
» et icelles prises, ledit Tabellion les deveroit incon-
» tinent apporter ausdits Maître-Eschevin et Justice;
» et ce fait, lesdits Maître-Eschevin et Justice les

» délivreront par la manière que dessus, et quant à
» présent se mettront defuer ladite Porte, Girardin
» le Retondour, et Guimar le Charpentier, pourveu
» que mondit Sieur le Duc, ou ses gens, les facent
» tels comme dessus, et par la manière que dit est;
» pareillement se fera en tous les autres qu'il vol-
» droit et podroit faire tels comme dessus. En cas
» toutefois qu'ils ne soient allez par devers Monsieur
» le Duc eux appaiser et faire sur ceux envers lui,
» lequel, s'ils y vont, les recevra et traitera beni-
» gnement, comme il verra être à faire selon son bon
» plaisir, et s'ils l'estoient appaisiez, ainsi se de-
» vroient faire d'eux comme dessus est contenu.

» Sur le fait de la démolition du Bourg Saint-Evre,
» se mondit Seigneur, ses hoirs et ses successeurs, ou
» les Religieux, en veulent faire en avenir questions
» et demandes à la Cité, les Citains en venront à
» journez de marchez ou estaux, pour en penre et
» faire droit par la manière qu'il en appartenroit.
» Après lesdites Parties pour eux, leurs hommes et
» sujets, servans, aidans et complices en cette pré-
» sente guerre, ont remis et quitté l'une partie à
» l'autre, en feux boutez, en corps d'hommes morts,
» en vignes et arbres coupez, et en toutes autres
» choses quelconques, que l'une Partie peut avoir
» méfait à l'autre; et n'entend point led. Monsieur
» le Duc qu'en ce soient compris en façon quel-
» conque les Églises, ses hommes féaux, qui n'ave-
» roient point défié la Cité; ne autres ses servans et
» aidans, semblablement n'averoient esté défiez, ou
» n'averoient estez endommagez par ceux de Toul

» avant lesd. défiances ; et ainsi n'entendent point
» ceux de Toul, que ladite quittance ou rémission
» leur doie porter dommage ou préjudice aucun, en
» tant comme touche, ou peut toucher leurs héri-
» tages, cens, rentes, revenus et debtes quelconques ;
» mais y venront comme un chacun comme à sa
» propre chose, et demanderoit et clameroit sa debte,
» comme faire le pouvoit auparavant cette présente
» guerre, excepté amendes exigées et levées par
» mondit Signor le Duc, faites avant la datte de ces
» présentes, sans malengin.

» Item, comme Monseigneur eust fortifié la mon-
» tagne de Bar devant Toul, et eut intention de faire
» icelle pour sienne à toujourmais, il est accordé
» entre lesdites Parties, que ladite fortification seroit
» incontinent défaite et démolie et demoureroit ladite
» montagne de Bar en tel estat qu'elle étoit aupara-
» vant ladite fortification, et ne la poulront fortifier
» lesdits de Toul à nul journais, sinon par le bon
» plaisir et consentement dudit Monsieur le Duc de
» Lorraine et de ses successours ; ne aussi abbattre
» à nuls jamais la Chapelle de Saint-Michel qui est
» en ladite montagne ; et parmi ce, lesdits citains
» seront tenus de payer chacun an à toujourmais
» à mondit Seigneur le Duc de Lorraine et Marchis,
» ses hoirs, et successeurs et ayans-cause, la censive
» des six cens francs monnoye courante en Lorraine,
» moitié à Noël, et l'autre moitié à la Nativité de
» S. Jean-Baptiste, à rachat de douze mille francs
» tels comme dessus ; lesquels six cens francs se
» poiront racheter par lesd. Citains toutes voyes

» qu'il leur plairoit, parmi payant douze mille francs
» à une seule fois, avec les arrerages, se aucuns en
» y avoit à payer.

» Si avons nous Charles, Duc de Lorraine, et
» Marchis dessusdit, pour et nos hoirs, successeurs
» et ayans-cause, terres, pays, hommes et subjets,
» promis et promettons en bonne foi et leaument,
» en parole de Prince, tenir et avoir toujourmais
» ferme et stable, la Paix et Accord dessusdit, en
» tant qu'il nous touche et peut toucher, sans aller
» au contraire, sur l'obligation de nos biens, et des
» biens de tous nos hommes et femmes, présens et
» avenir.

» Et nous les Maître-Eschevin, Justice, Gouver-
» neurs, Citains et habitants, et Université dessud.
» avons promis et promettons par ces présentes en
» bonne foi et leaument, sans malengin, pour nous,
» nos hoirs, et successeurs et ayans-cause, tenir,
» garder et accomplir de point en point cette présente
» Paix et accord, et tous les points et articles dessus
» touchez, et déclarez, fermement et stablement à
» toujourmais, à mondit Seignor le Duc, ses hoirs,
» ses successeurs et ayans-cause, sans aller au con-
» traire, en quelque manière que ce soit, sous
» l'obligation de nos biens, et des biens de tous nos
» hoirs et successeurs Citains, habitans et Université
» de ladite Cité de Toul, présens et avenir par tout,
» et sur peines d'être reputez infames, en cas que
» nous irions au contraire des choses dessusdites,
» en d'aucunes d'icelles ; et que notre dit Seignour
» le Duc, ses hoirs, successeurs et ayans-cause,

» pussent montrer notre défaut par toutes bonnes
» villes, ou autre part, ou qu'il lor plairoit, ou que
» bon lor sembleroit. En signe de vérité, nous
» Charles Duc de Lorraine et Marchis dessusdit,
» avons mis notre scel pendant à ces présentes. Et
» nous les Maître-Eschevin, Justice, Gouverneur,
» Citains, Université et habitans de Toul, avons
» mis notre grand scel pendant à ces présentes ; et
» avons prié et requis a venerables et discretes per-
» sonnes les Doyens et Chapitre de l'Eglise de Saint-
» Etienne de Toul, que por cause de témoignage
» veulent mettre lour scel à ces présentes, avec le
» nostre ; et nous Doyen et Chapitre dessusdits, à la
» prière et requète desdits Maître-Eschevin, Justice,
» Gouverneur, Citains et habitans, et Université de
» Toul, avons mis notre scel pendant à ces présentes,
» pour cause de tesmoignage comme dessus, qui
» furent faites l'an de grâce Notre-Seignour mille
» quatre cens vingt, le vingtième jour dou mois de
» Juillet. »

Cette convention, à laquelle on a donné le nom de
Traité des fils de prêtres, eut pour effet de ramener
dans la cité Touloise, le calme et la paix si souvent
troublés sous l'épiscopat de Henri de Ville (13), et mit
fin, au moins pour quelque temps, aux querelles des
ducs de Lorraine avec les Bourgeois de cette ville,
gardiens vigilants de leurs prérogatives et de leurs
franchises municipales.

NOTES.

---

(1) Les ducs bénéficiaires n'étaient, à proprement dit, dans les commencements, que de simples gouverneurs soumis aux ordres du souverain qui leur conférait cette dignité. Connaissant à peine le nom de ses maîtres et ne jouissant presque jamais de leur présence, la Lorraine passait de main en main, du joug de la France à celui de la Germanie sans peine comme sans plaisir, ne possédant point encore ce sentiment de nationalité qui fait la force des États. En 1048, l'empereur d'Allemagne Henri le Noir, exécutant les dernières volontés de son père, Conrard dit le Salique, en conféra l'hérédité à Gérard d'Alsace, prince issu d'une des plus illustres familles du Saintois, pour en jouir, lui et ses descendants, à perpétuité, à charge de relever irrévocablement de l'Empire.

(2) On lit dans le Registre des Comptes du receveur du domaine de Gondreville pour l'année 1549 :

« Notre souverain seigneur (le duc de Lorraine) a le droit seigneurial et autorité en la cité de Toul de prendre et emporter sur les bâtards et bâtardes décédant en ladite cité tous les biens meubles et immeubles par eux délaissés, au jour de leur trépas, et n'ont iceux-dits bâtards ou bâtardes, pouvoir ni puissance de tester en leur vivant en manière de quoi que ce soit sans la permission de notre dit seigneur. »

En 1556, un nommé Nicolas Chaureti, notaire à Toul, d'une naissance illégitime, demanda que, nonobstant sa bâtardise, les enfants qu'il avait eus depuis son mariage fussent aptes à lui succéder ; ce qui lui fut accordé, à charge, par ces derniers, de payer une redevance annuelle de 12 gros en reconnaissance de cette autorisation.

En 1584, deux autres individus, issus d'un prêtre et d'une veuve, obtinrent aussi des lettres de réhabilitation qui les déclaraient capables de posséder biens meubles et immeubles et d'en disposer en faveur de qui bon leur semblerait, en payant, pour reconnaissance, une redevance de 8 francs.

(3) Un règlement de 1115, en prescrivant aux prêtres de savoir lire, interdit à leurs enfants l'admission à la prêtrise, s'ils n'ont été élevés dans les monastères (*Archives de Saint-Dié*).

Une bulle de Martin V, du 8 juin 1426, défendait aux chanoines d'admettre aux prébendes des enfants illégitimes, sans excepter leurs bâtards.

Le Concile de Paris, en 1212, défendit aux évêques de permettre, pour de l'argent, aux prêtres de leurs diocèses, d'entretenir des concubines.

(4) Ce fait est malheureusement trop vrai; mais ne doit-on pas, pour être juste, voir la cause de ce relâchement de la discipline ecclésiastique dans l'état de guerre, d'anarchie, de violences et de brigandages de toute sorte au milieu duquel était plongé l'ordre social tout entier.

Dans les Statuts synodaux publiés en 1515 par l'évêque Hugues des Hazards, voici comment s'exprime ce prélat, au sujet des débordements du clergé, dans le chapitre intitulé : *De vitâ ex honestate clericorum* : « .... Nous
» deffendons que nulz, mesmement soubzdiacque, diacque
» ou prestre, ou s'il est seulement benefiscie, soit sy hardi
» doresenavant de tenir publiquement femme qui soit sa
» fouyere ou à son feu, ou sa concubine, de laquelle la
» suspicion est sy notoire et sy grande que elle ne se
» pourroit celer. Et ce il se trouve quelcung faisant au
» contraire, nous getterons les peinnes qui sont adjugées
» de droit contre iceulx contrefaisans et contre leurs

» foraires ou concubines..... Touttefoys, nous parlons des
» publicques et notoires, car des secretes et desquelles il
» ne s'en suyt point de scandale, comme de mariées
» (combien que le péché qu'on appelle adultere est un
» cas beaucoup plus grief en soy, que d'avoir concubine),
» nous en laissons le jugement et disposition à Dieu.... »
(*Communes de la Meurthe.* par M. H. Lepage, t. II, p. 579.)

La femme séduite par un prêtre était punie sévèrement
et le séducteur n'encourait pas le moindre blâme. Une
ordonnance de Charles III, du 12 janvier 1523, condamne
au fouet « les femmes et filles notoirement notées et diffa-
mées de paillardise, qui hantaient les maisons des gens
d'église et chez lesquelles ils se retiraient pour en abuser ».
Cette ordonnance renferme toute la morale du siècle.

Cette affligeante dépravation des gens d'église n'était
d'ailleurs point particulière à la Lorraine. Le désordre des
mœurs du clergé était tel encore au dix-septième siècle
qu'un pieux évêque écrivait à Vincent de Paule : « J'ai hor-
» reur, quand je pense que, dans mon diocèse, il y a presque
» sept mille prêtres ivrognes ou impudiques qui montent
» tous les jours à l'autel et qui n'ont aucune vocation. »
(*Vie de Saint-Vincent de Paule,* Nancy, 1748.)

(5) L'insatiable Chapitre abusa tellement de la faiblesse
du prince qu'il le fit consentir à l'abandon de ce droit
pour en jouir dans toute sa plénitude. Mathieu déclara,
pour conserver la paix avec le Chapitre, qu'il renonçait à
ses droits sur les fils et filles des prêtres et des clercs nés
ou domiciliés sur les terres de l'église de Saint-Dié, ou en
quelque lieu qu'ils fussent, et qu'il était libre au Chapitre
de les retenir ou de les rappeler comme ses propres sujets.

« Nos Matheus, dux Lotharingiæ et marchio, notum
» facimus universis præsentem paginam inspecturis, quod
» nos nihil juris habemus nec habere volumus in filiis et
» filiabus præsbiterorum et clericorum nâtis in terrà
» ecclesiæ sancti Deodati, vel etiam commorantibus, ubi-
» cumque locorum prædictæ ecclesiæ sint inventi. Sed

» liceat præfatæ ecclesiæ prædictos pueros tractare ut
» proprios et etiam retinere. In cujus testimonium, etc.
» Anno Domini 1249, mense julii. »

En 1474, Iolande d'Anjou, mère de René II, s'empara,
par *droit de bâtardise*, de la succession du chanoine Jean
Monget, doyen du Chapitre. Pour prévenir cette confis-
cation, Monget avait légué, par son testament, six francs
au duché de Lorraine; mais Iolande ne consentit à renon-
cer à la succession que par un traité qui révoquait impli-
citement le privilége de Mathieu, et qui assignait à la
duchesse cent quatre-vingts francs de Lorraine; une pièce
d'or appelée *Jubilet, et une paire de couteaux à manches*
cristallins, la gaine et les manches argentés. On voit par
le choix de ces objets que le luxe des prélats était supé-
rieur à celui des princes.

(6) Dans cette circonstance, la fermeté d'Antoine im-
posa au Chapitre une soumission qui lui était peu fami-
lière. Le duc s'exprime ainsi dans ses lettres datées de
Nancy, le 10 mars 1529 : « .... Comme pièça débat et
» question soit été meu et suscité entre nos prévot et
» officiers de Saint-Dié d'une part, et les vénérables doyen
» et Chapitre de l'église collégiale de Saint-Dié d'autre
» part, à l'occasion de ce que lesdits prévot et officiers
» maintenaient que les successions des bâtards des sup-
» pôts de ladite église de Saint-Dié nous devaient compé-
» ter et appartenir.....voulant mettre fin.... avons accordé,
» fait et passé les points et articles qui s'ensuivent :
» 1° Que la succession des bâtards demeurera à toujours
» mais, à nous, nos hoirs et successeurs, ducs de Lor-
» raine, ensemble toutes leurs dépendances et apparte-
» nances, réservés messire *Jean Nicolaï* et maître *Claude,*
» son frère, chanoines, bâtards de chanoines, qui de-
» meurent auxdits vénérables; ensemble tout ce que jus-
» qu'à présent est en question et débat, et après le décès
» desdits messire *Jean* et maître *Claude,* nous, nos hoirs,
» et successeurs duc de Lorraine, joyerons paisiblement

» de toutes successions de bâtards, comme dit est, sans
» quelque empêchement....

» .... Davantage est dit et appointé que lesdits véné-
» rables seront tenus de nous remettre ès mains les lettres,
» papiers et muniments du duc Mathieu, touchant et con-
» cernant l'affaire desdits bâtards. Si donnons en man-
» dement, etc..... »

(7) L'expression *bourgeois,* telle que nous la donnons ici,
signifie citoyen, habitant libre de la cité, et répond au
fameux *civis romanus sum.*

(8) Voici la relation que donne, de cette guerre, le
savant historien lorrain Dom Calmet :

« C'est un ancien droit des ducs de Lorraine que les fils
de prêtres leur appartiennent dans toute l'étendue de leurs
États. Ce droit leur a souvent été confirmé par les empereurs, et il est un de ceux dont ils faisaient hommage
à l'Empire. Charles ayant répété à ceux de Toul quelques-
uns de ces bâtards qui s'étaient frauduleusement jetés
dans leur ville, ils les lui refusèrent et il leur déclara la
guerre. Le Damoiseau de Commercy et quelques autres
seigneurs prirent le parti des Toulois. Ceux-ci empêchèrent
d'abord toute communication des sujets de Lorraine avec
leurs villes ; ils surprirent le bourg de Gondreville, mirent
le feu au faubourg de Nancy et ruinèrent le bourg de
Saint-Epvre qui était, avec l'abbaye de ce nom, sous la
protection du duc.

» Le comte de Vaudémont se joignit au duc Charles. Ils
firent de grands dégâts dans tout le Toulois. Charles
dressa un fort de bois sur la montagne nommée aujour-
d'hui Saint-Michel, qui incommodoit extrêmement la
ville, le duc tirant de là ses bombardes et ses serpentines
dans le cœur de la ville. Cette espèce de siége dura huit
semaines.

» Après beaucoup d'hostilités, on en vint à un accom-
modement (en 1420), et il fut dit que les enfants de
prêtres qui reconnoîtroient leur condition et déclareroient

devant les juges être nés dans les États du Duc, seroient
mis hors la ville, et rendus aux officiers de S. A. Que s'ils
nioient être bâtards, information juridique en seroit faite;
et s'ils étoient convaincus, ils seroient rendus ainsi qu'on
l'a dit.

» A l'égard de la communication que ceux de Toul
avoient refusée aux sujets de Lorraine, il fut convenu que
si à l'avenir on refusoit à quelqu'un l'entrée ou la demeure
en la ville, on en viendroit à journée de Marché et d'Estaux pour en juger. Et sur le fait de la démolition du
bourg Saint-Epvre et du bail de la porte de la Rousse,
si le duc ou les religieux de Saint-Epvre en vouloient
poursuivre la restitution ou le dédommagement contre la
Cité, on en viendrait de même à journée de Marché et
d'Estaux, pour en faire droit comme il appartient. Enfin,
le Duc promet de démolir la fortification qu'il a faite sur
le Mont de Saint-Michel, à condition que ceux de Toul ne
pourront eux-mêmes fortifier cette montagne, ni abattre
la chapelle de Saint-Michel qui y est. De plus, les citoyens
de Toul s'obligent à payer au duc Charles, et à ses successeurs, la somme de quatre cents francs Barrois par an,
laquelle, jointe à celle de six cents francs portée par le
traité de 1406, faisoit une somme de mille francs que la
ville de Toul a payée jusqu'à 1645, que le Roy Louis XIV
leur défendit d'en continuer le payement. Cette somme
était rachetable pour celle de douze mille francs Barrois.
Le franc Barrois vaut huit sols et demi de France à quelques fractions près.

» Et comme au sujet de la demande que le Duc leur
faisoit des bâtards et enfants de prêtres, ceux de Toul lui
avoient répondu d'une façon peu respectueuse, et avoient
même employé des termes injurieux, ils furent obligés,
pour réparation, de faire dire à perpétuité une messe en
la grande église, en l'honneur de Notre-Dame, à l'autel de
Saint-Gérard, qu'ils devaient payer à leurs frais. » (*Hist.
de Lorraine*, par Dom CALMET, tome III, liv. XXVII,
p. 537-538.)

Un autre historien lorrain, l'abbé Bexon, s'exprime ainsi en parlant de cette guerre :

« Peu après, il (Charles II) fit la guerre aux Toulois pour un sujet si ridicule, qu'on craint, en le rapportant, d'offenser la gravité de l'histoire. Il rappela une ancienne concession faite par les Empereurs à ses ayeux, de tous les *Enfans des Prêtres*. Les bourgeois refusant de lui remettre ceux qui étoient dans leur ville, il leur déclara la guerre pour *ces fils de Prêtres*. Les Toulois en force, et secourus du damoiseau de Commercy, brûlèrent Gondreville, et vinrent insulter les environs de Nancy ; mais le comte de Vaudémont aiant joint ses troupes à celles de Lorraine, ils furent repoussés ; firent raison au Duc de son droit bizarre, et l'obligèrent en outre à *six cents francs* de redevance annuelle. » (Abbé BEXON, *Hist. de Lorraine*, Nancy, 1777.)

« La ville de Toul eut encore à soutenir, contre le duc de Lorraine, une guerre dont le sujet n'est rien moins qu'édifiant, dit à son tour M. l'abbé Guillaume, dans son *Histoire du diocèse de Toul*. Nous la signalerons comme la sainte Bible signale les fautes des personnages dont elle donne la vie, afin de montrer le funeste penchant de l'homme à profaner le don de Dieu, et l'action constante de la Providence sur le monde que l'homme perdrait par ses crimes, et qu'elle sauve par sa miséricorde. On remarquera, du reste, que l'opinion publique, si relâchée qu'on la suppose, a toujours fait justice des fautes et des abus commis par ceux dont l'innocence des mœurs et la régularité de conduite, doivent être le principal apanage. » (*Histoire du diocèse de Toul et de celui de Nancy*, par M. l'abbé GUILLAUME, t. II, Nancy, 1866.)

(9) Il serait vraiment curieux que le Damoiseau de Commercy, dont il est ici question, fût ce même Robert, qui, un peu plus tard, vint insolemment, suivi seulement de vingt cavaliers, provoquer les Toulois au combat ; ceux-ci l'attirèrent par ruse jusque près des murs de la

ville, et pendant ce temps, ils expédièrent par une poterne un détachement de troupes qui alla cerner le Damoiseau et le fit prisonnier. Les Bourgeois infligèrent une sévère punition à la folle vanité de Robert; ils le placèrent à rebours sur son cheval, le firent entrer en ville et parcourir toutes les rues dans cette posture humiliante, au milieu des cris et des outrages de tout le peuple. Le Damoiseau n'obtint sa liberté qu'en payant quinze cents livres pour sa rançon; mais le souvenir de l'affront qu'il avait reçu des Toulois, lui inspira un désir ardent de s'en venger. Pour y parvenir plus sûrement, il prit un engagement avec trois capitaines aventuriers qui s'obligèrent de le servir avec leurs soldats, moyennant une pension de trois cents francs.

Le Damoiseau, qui se vit par cette convention à la tête de cinq cents hommes aguerris, conçut le projet de surprendre la ville de Toul et de s'en rendre maître. Il choisit le temps des vendanges, où la grande partie des habitants sont occupés dans les vignes à la récolte du raisin. Les aventuriers à la solde du Damoiseau furent postés entre Grandménil et Écrouves, et ses propres soldats devaient entrer en ville, déguisés en vendangeurs, par la porte du Gué, et se saisir de la garde, pendant que les aventuriers feraient main basse sur les bourgeois dispersés dans les vignes. Ce projet échoua, car les Toulois qui en étaient prévenus s'empressèrent de le déjouer. Voici comment ils en eurent connaissance.

La veille du jour de la mise à exécution, le Damoiseau avait envoyé dans Toul un de ses capitaines, vêtu en vendangeur, pour reconnaître les portes et les forces de la place, mais cet officier fut bientôt remarqué; sa figure étrangère et ses investigations éveillèrent des soupçons; on s'empara de sa personne, et on l'accusa d'être un espion. Conduit devant la justice municipale, et condamné par elle à être noyé dans les fossés de la ville, le lieutenant de Robert, pour éviter la mort, dévoila les projets de son maître. Aussitôt, l'ordre d'un rassemblement général est donné, les compagnies d'armes et d'archers sont réunies, et les bourgeois, au nombre de huit cents, sortent de Toul et marchent contre le Damoiseau qu'ils rencontrent à la porte de Foug ; là se livre un combat dans lequel les Toulois tuent cent cinquante de leurs ennemis, et forcent le reste à chercher un refuge dans les maisons du bourg.

Une telle défaite ne découragea point le sire de Commercy ; il persévéra dans son projet de se rendre maître de la ville de Toul, et de la châtier ensuite sévèrement. Cette fois, il mit dans ses intérêts et prit pour auxiliaire Robert de Baudricourt, gouverneur de Vaucouleurs au nom du roi de France, et Jean de Botte, vieux capitaine qui avait servi sous les ordres du Damoiseau, aux siéges de Château-Thiéry et de Lagny, pendant les dernières guerres contre les Anglais. Jean de Botte se chargea de l'exécution du premier coup de main à tenter contre la ville. Il s'avança de nuit, suivi de ses hommes, jusque sur les bords du fossé de la place ; là, il fit jeter sur l'eau plusieurs petits bateaux en cuir disposés à dessein, et y entra avec ses soldats. La troupe ennemie se dirigea vers une poterne qui devait être enfoncée à coups de hache, et par où elle devait pénétrer en ville ; mais à peine les embarcations touchèrent-elles le pied des remparts, que les bourgeois accourus tombent sur les assaillants à l'improviste, leur ferment la retraite et s'emparent d'eux et de leurs chefs. Les bourgeois ne s'occupèrent pas de les juger ; à l'instant ils noyèrent le capitaine Jean de Botte et cinquante de ses soldats dans le fossé, à l'endroit même où la descente venait d'avoir lieu.

Robert, depuis ce nouvel échec, ne tenta plus aucune attaque contre la ville de Toul, mais il chercha, par toutes sortes de vexations, à satisfaire sa vengeance. Ainsi, pendant plusieurs années consécutives, il allait ravager les moissons des Toulois, pillait leurs maisons de campagne, dépouillait ceux d'entre eux qui tombaient entre ses mains, et souvent même leur ôtait la vie. Enfin, durant une trêve que ce seigneur avait faite avec le duc de Lorraine, il enleva, soit sur les routes, soit dans la campagne, trente-huit bourgeois de Toul, et les retint prisonniers dans son château de Commercy, jusqu'à ce que l'empereur Sigismond, instruit de sa conduite, lui eut fait sommation, en 1434, de rendre sur-le-champ ces citoyens à la liberté, et de réparer les dommages qu'il avait causés à eux et à leurs compatriotes. (A. N. THIÉRY, *Histoire de la ville de Toul et de ses évêques*, p. 354-357.)

(10) Ferry Ier, comte de Vaudémont par son mariage avec la princesse Marguerite, fille et héritière de Henry V, et tige de la seconde maison de Lorraine-Vaudémont, qui monta sur le trône du duché l'an 1473. Marguerite lui apporta avec le comté de Vaudémont la seigneurie de Joinville, à laquelle était attachée la dignité de *Sénéchal de Champagne*. Ferry fut un des plus vaillants princes de son siècle. Il s'attacha à Philippe le Hardi, duc de Bourgogne, puis à Jean de Bourgogne son fils. Il fut tué à la bataille d'Azincourt, où il avait fait des prodiges de valeur, le 25 octobre 1415.

(11) « Encore en ladite année (1421) fut la cité de Toul assiégée par Charles, duc de Lorraine, qui avoit·faict ung Chastel de bois ou Bastille sur le mont de Bar ou de Saint-Michiel, de laquelle il faisoit traire ses bombardes jusques en ladite cité de Toul, et au chief de trois sepmaines ilz furent descorts parmi une pension que le duc Charles devoit avoir chacun an. » (*Annales du doyen de Saint-Thiébaut de Metz, sous l'année* 1421.)

(12) On ignore si les Toulois, lors de ce siége, firent usage, pour se défendre, de pièces d'artillerie. Cependant cela est probable, car les Messins en étaient déjà pourvus vers cette époque, ainsi qu'on le voit par un inventaire dressé en 1406, et qui existe encore dans les Archives de l'Hôtel de ville de Metz. Selon cet inventaire, les Messins

possédaient alors quatre grosses bombardes d'airain, et
trente-trois de fer, moyennes ou petites. « Ces pièces,
sans anses ni tourillons, étaient encastrées dans d'énormes
poutres, supportées par quatre roues, ou pouvant glisser
à coulisses sur d'autres pièces de bois massives, afin de
permettre au recul de s'effectuer librement. Ces affûts
grossiers se nommaient telliers, et les pièces y étaient
assujetties par des liens chevillés, analogues aux susbandes
de nos pièces modernes, et répartis sur la longueur de
la bouche à feu. Les projectiles lancés à l'aide de ces bombardes, fondues d'ailleurs sans calibre déterminé, étaient
des boulets de pierre. » Cet exposé nous donne une idée
de l'artillerie en usage chez nos ancêtres, dans les commencements du quinzième siècle ; la ville de Toul ayant
dû, sans aucun doute, imiter sous ce rapport, comme
sous tant d'autres, la ville de Metz dont elle était la voisine
et l'alliée.

Les bombardes du duc de Lorraine, placées sur le
sommet de la côte Saint-Michel, c'est-à-dire à environ
1300 mètres en ligne droite des remparts de Toul, pouvaient très-bien atteindre cette distance. On a plusieurs
preuves que ces pièces d'artillerie, malgré leur imper-
fection, portaient fort loin et souvent avec justesse. Dans
une guerre entre les Lorrains et les Messins, en 1490,
une serpentine affûtée sur la place devant Saint-Hilaire,
à l'endroit où est le palais de justice, à l'extrémité de
l'Esplanade, envoya sur la côte, dite de Saint-Quentin, une
pierre dont le choc fut encore très-rude, après un trajet
d'une demi-lieue. (HUGUENIN jeune, *Histoire de la guerre
de Lorraine* et du *Siége de Nancy par Charles le Témé-
raire,* p. 322.)

(13) Les troubles et une agitation incessante remplirent
le pays toulois et la Lorraine sous l'épiscopat d'Henry
de Ville. Les longs démêlés d'Antoine de Vaudémont avec
René d'Anjou, au sujet de la succession à la couronne
ducale, attirèrent sur toute la province des maux innom-

brables. La ville de Toul, quoique étrangère aux débats, souffrit considérablement par suite de sa position entre les deux duchés, et cet état de malaise se prolongea pour elle pendant tout le cours du quinzième siècle, notamment lors de la guerre de René II et de Charles de Bourgogne. (*Histoire de la ville de Toul et de ses Évêques,* par Ad. THIÉRY. Paris-Toul, 1841.)